Impressum
Verlag: BABADADA GmbH, Nedderfeld 112 , 22529 Hamburg
Geschäftsführer / Verlagsleitung: Harald Hof
Druck: Books on Demand GmbH, In de Tarpen 42, 22848 Norderstedt

Imprint
Publisher: BABADADA GmbH, Nedderfeld 112 , 22529 Hamburg, Germany
Managing Director / Publishing direction: Harald Hof
Print: Books on Demand GmbH, In de Tarpen 42, 22848 Norderstedt

el colegio
chikoro

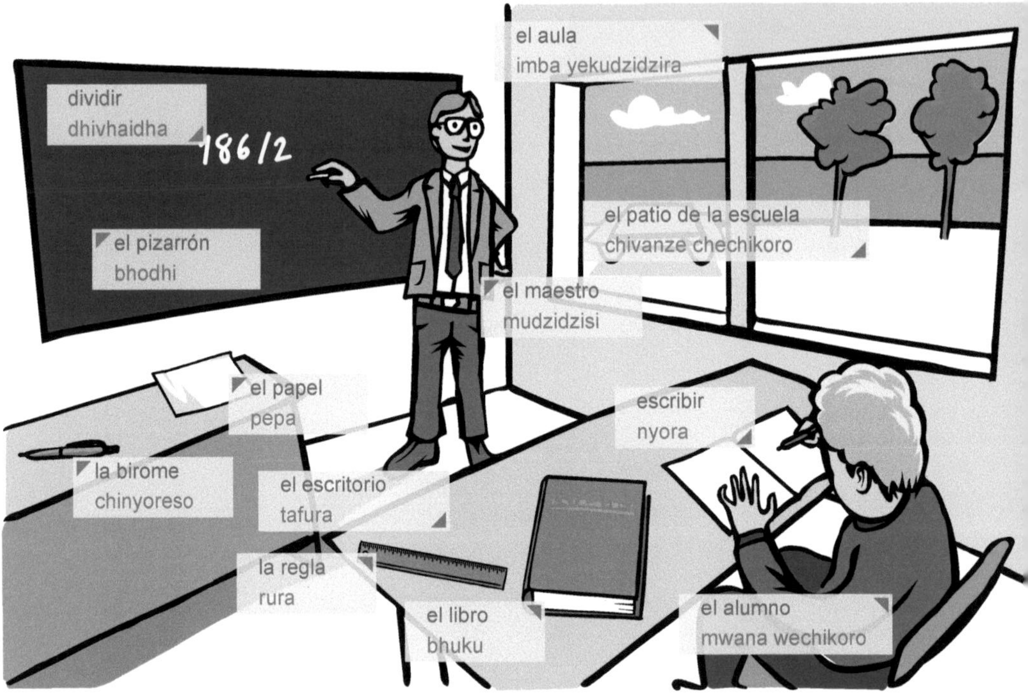

el aula
imba yekudzidzira
dividir
dhivhaidha
186/2
el pizarrón
bhodhi
el patio de la escuela
chivanze chechikoro
el maestro
mudzidzisi
el papel
pepa
escribir
nyora
la birome
chinyoreso
el escritorio
tafura
la regla
rura
el libro
bhuku
el alumno
mwana wechikoro

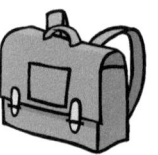

la mochila
bhegi

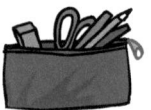

la caja de lápices
chekuchengetera mapenzura

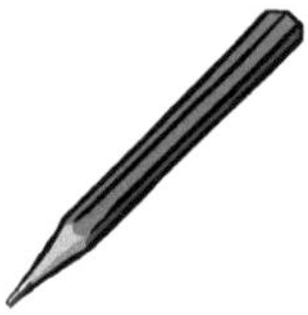

el lápiz
penzura

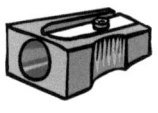

el sacapuntas
chekurodzesa mapenzura

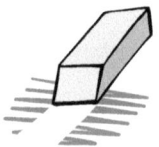

la goma (de borrar)
rabha

el bloc de dibujo
bhuku rekudhirowera mifananidzo

el dibujo
....
mufananidzo
wakadhirowewa

el pincel
....
bhurasho rekupendesa

la caja de pinturas
....
bhokisi rependi

la tijera
....
chigero

el pegamento
....
guruu

el cuaderno de ejercicios
....
bhuku rekunyorera

la tarea
....
basa rinoitirwa kumba

el número
....
nhamba

sumar
....
sanganisa

restar
....
bvisa

multiplicar
....
wanziridza

calcular
....
kakureta

la letra
....
bhii

el abecedario
....
arufabheti

la palabra
....
shoko

el texto

mashoko

leer

kuverenga

la tiza

choko

la lección

chidzidzo

el cuaderno de clase

bhuku remazita

el examen

bvunzo

el certificado

setifiketi

el uniforme escolar

yunifomu yekuchikoro

la educación

dzidzo

la enciclopedia

encyclopedia

la universidad

yunivhesiti

el microscopio

maikorosikopu

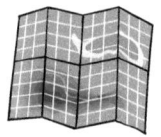

el mapa

mepu

el tacho (de basura)

bhini remapepa

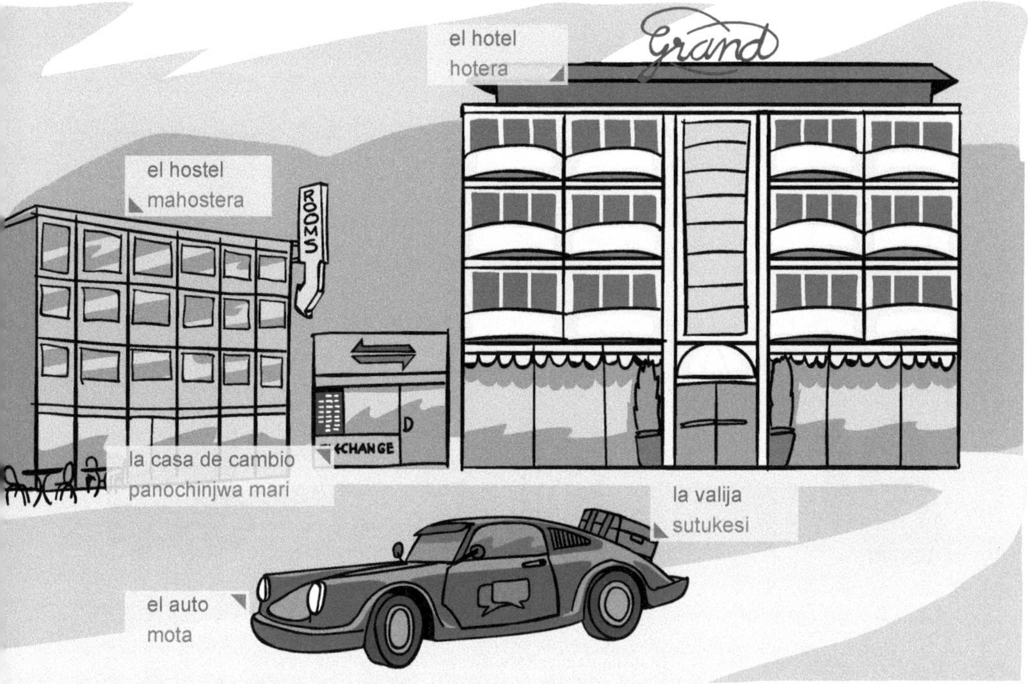

el hotel
hotera
Grand
el hostel
mahostera
ROOMS
EXCHANGE
la casa de cambio
panochinjwa mari
la valija
sutukesi
el auto
mota

el idioma

mutauro

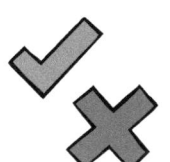

sí / no

hongu / kwete

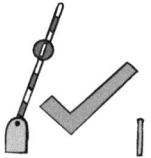

Está bien

Zvakanaka

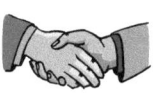

hola

hesi

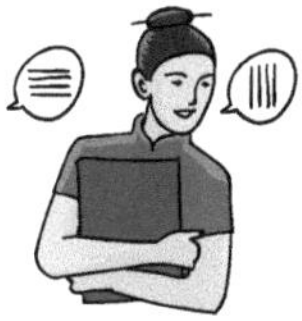

el traductor

mushanduri

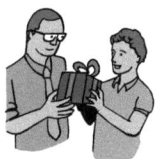

Gracias

Mazvita

¿cuánto cuesta...?

Imarii... ?

No entiendo

Handisi kunzwisisa

el problema

dambudziko

¡Buenas tardes!

Manheru!

¡Buenos días!

Mangwanani!

¡Buenas noches!

Murare zvakanaka

el adiós

toonana

la dirección

mafambiro

el equipaje

katundu

el bolso

bhegi

la mochila

bhegi rekumusana

el invitado

muenzi

la habitación

imba

la bolsa de dormir

bhegi rekurarira

la carpa

tendi

la información turística

mashoko evafambi

la playa

mahombekombe

la tarjeta de crédito

kadhi rekubhengi

el desayuno

kudya kwemangwanani

el almuerzo

kudya kwemasikati

la cena

kudya kwemanheru

el pasaje

tiketi

el ascensor

chikwidzo

el sello

chitambi

la frontera

muganhu

la aduana

vanoona nezvekupinda munyika

la embajada

vamiririri venyika

la visa

vhiza

el pasaporte

pasipoti

el transporte

zvifambiso

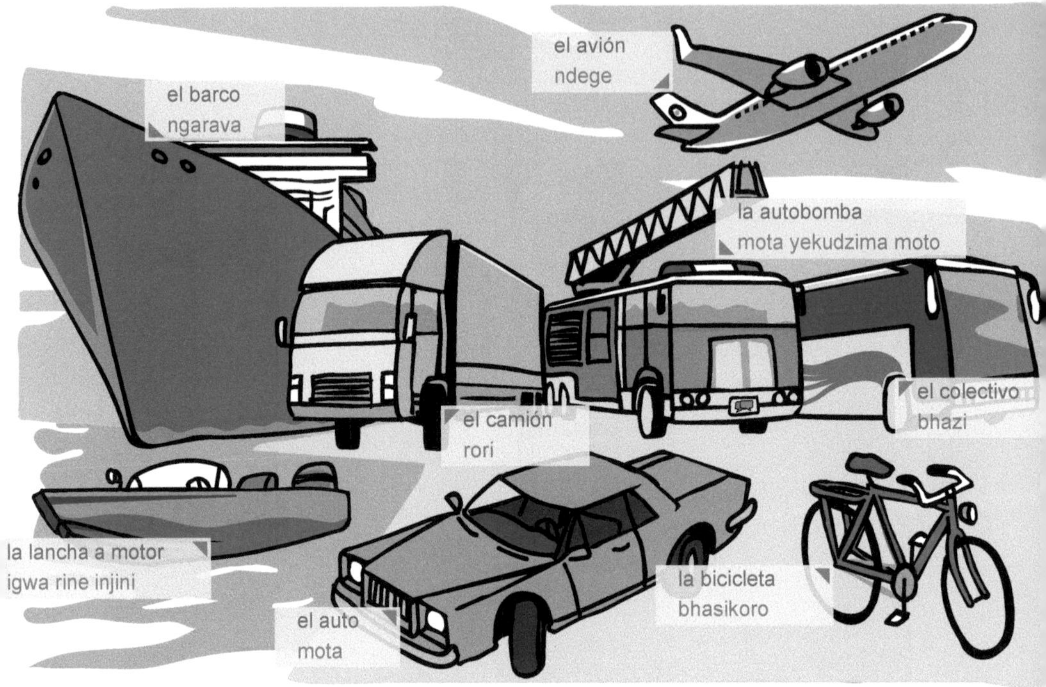

el avión
ndege
el barco
ngarava
la autobomba
mota yekudzima moto
el colectivo
bhazi
el camión
rori
la lancha a motor
igwa rine injini
la bicicleta
bhasikoro
el auto
mota

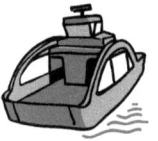

el ferry

igwa

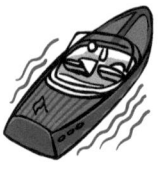

el bote

igwa

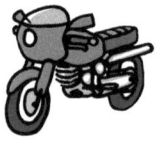

la moto

mudhudhudhu

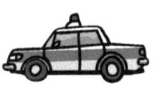

el patrullero

mota yemapurisa

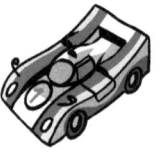

el auto de carreras

mota yemujaho

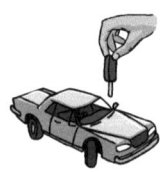

el auto de alquiler

mota yekuhaya

el alquiler de autos

kuhaya mota

la grúa

mota inodhonza dzinenge dzafa

el camión de la basura

mota yemabhini

el motor

injini

la nafta

mafuta

la estación de servicio

garaji remafuta

la señal de tránsito

chikwangwani chemumugwagwa

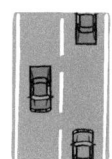

el tránsito

mota

el embotellamiento

mota dzakawandisa

el estacionamiento

panopakwa mota

la estación de tren

chiteshi chezvitima

las vías

njanji

el tren

chitima

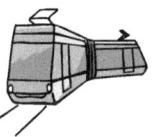

el tranvía

tram

el vagón

chitima

el helicóptero

chikopokopo

el aeropuerto

nhandare yendege

la torre

nharire

el pasajero

mufambi

el contenedor

chikondena

la caja de cartón

kadhibhodhi bhokisi

la carretilla

ngoro

la canasta

bhasiketi

despegar / aterrizar

simuka / mhara

la ciudad

guta

el pueblo

musha

el centro de la ciudad

pakati peguta

la casa

imba

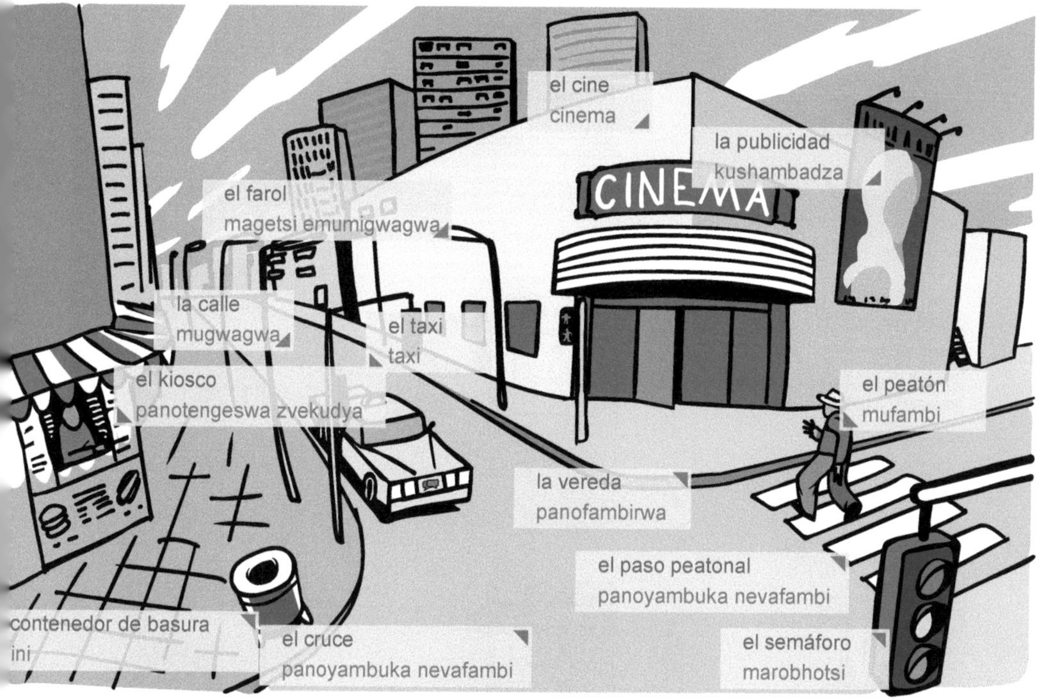

CINEMA
el cine
cinema
la publicidad
kushambadza
el farol
magetsi emumigwagwa
la calle
mugwagwa
el taxi
taxi
el kiosco
panotengeswa zvekudya
el peatón
mufambi
la vereda
panofambirwa
el paso peatonal
panoyambuka nevafambi
contenedor de basura
ini
el cruce
panoyambuka nevafambi
el semáforo
marobhotsi

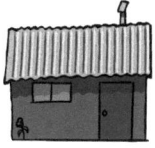

la cabaña

imba

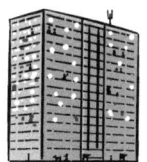

el departamento

mafurati

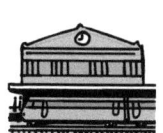

la estación de tren

chiteshi chezvitima

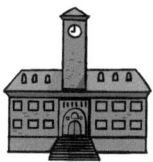

la municipalidad

imba yeguta

MUSEUM

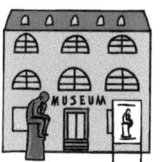

el museo

muziyamu

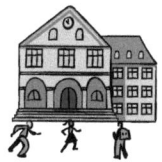

el colegio

chikoro

la universidad

yunivhesiti

el banco

bhengi

el hospital

chipatara

el hotel

hotera

la farmacia

panotengeswa mishonga

la oficina

hofisi

la librería

chitoro chemabhuku

el negocio

chitoro

la florería

panotengeswa maruva

el supermercado

supamaketi

el mercado

musika

las grandes tiendas

chitoro chine
madhipatimendi

la pescadería

panotengeswa hove

el centro comercial

nzimbo ine zvitoro

el puerto

chiteshi chengarava

el parque

paki

el banco

bhenji

el puente

bhiriji

las escaleras

masitepisi

el subte

nzira inoenda nepasi

el túnel

mugwagwa wepasi

la parada del colectivo

panokwirirwa mabhazi

el bar

bhawa

el restaurante

resitorendi

el buzón

bhokisi retsamba

el letrero

chikwangwani
chemugwagwa

el parquímetro

mita yekupaka

el zoológico

munochengeterwa mhuka

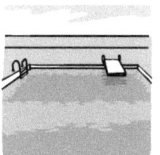

la pileta

kunotuhwinirwa

la mezquita

mosque

la granja

purazi

la contaminación

kusvibisa

el cementerio

kumakuva

la iglesia

chechi

los juegos infantiles

pekutambira

el templo

temberi

el paisaje

mamiriro akaita nzvimbo

la hoja
shizha

el poste indicador
chikwangwani

el camino
nzira

la pradera
mafuro

la piedra
dombo

el excursionista
mufambi

el árbol
muti

el río
rwizi

la hierba
uswa

la flor
ruva

el valle

mupata

la montaña

gomo

el lago

dhamu

el bosque

sango

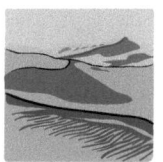

el desierto

gwenga

el volcán

chikwatamabwe

el castillo

zimba

el arco iris

muraraungu

el champiñón

hohwa

la palmera

muchindwe

el mosquito

umhutu

la mosca

nhunzi

la hormiga

svosve

la abeja

nyuchi

la araña

buve

el escarabajo

chipembenene

la rana

datya

la ardilla

tsindi

el erizo

nungu

la liebre

tsuro

la lechuza

zizi

el pájaro

shiri

el cisne

swan

el jabalí

nguruve yemusango

el ciervo

nondo

el alce

moose

la presa

dhamu

el aerogenerador

injini yemhepo

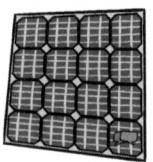

el panel solar

panero rezuva

el clima

mamiriro ekunze

el restaurante
resitorendi

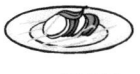

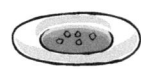

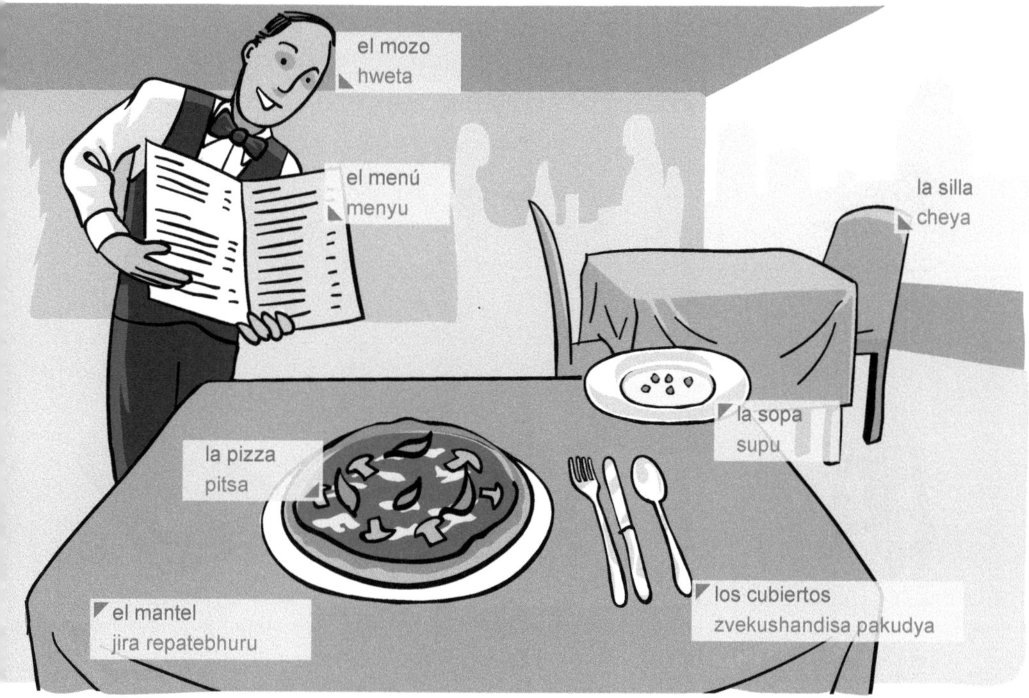
el mozo
hweta
el menú
menyu
la silla
cheya
la sopa
supu
la pizza
pitsa
el mantel
jira repatebhuru
los cubiertos
zvekushandisa pakudya

la entrada

zvekusosa nzara

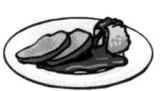

el plato principal

zvekudya

el postre

zvekuseredzera

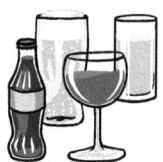

las bebidas

zvekunwa

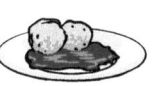

la comida

zvekudya

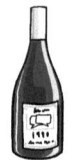

la botella

bhodhoro

la comida rápida

zvekudya zvisingatori nguva
kubika

la comida callejera

chikafu chinotengeswa
munzira

la tetera

tipoti

la azucarera

gabha reshuga

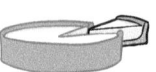

la porción

chidimbu

la cafetera expreso

muchina wekofi

la sillita alta

cheya yemwana

la cuenta

bhiri

la bandeja

tureyi

el cuchillo

banga

el tenedor

forogo

la cuchara

chipunu

la cucharita

chipunu

la servilleta

zvekupukutisa muromo

el vaso

girazi

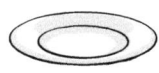

el plato

ndiro

el plato hondo

ndiro yesupu

el plato

ndiro

la salsa

supu

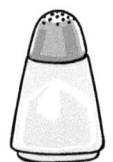

el salero

chekuisira sauti

el molinillo de pimienta

chekugaya mhiripiri

el vinagre

vhiniga

el aceite

mafuta

las especias

masipaisi

el kétchup

ketchup

la mostaza

mustard

la mayonesa

mayonaizi

el supermercado
supamaketi

la oferta especial
zvaderedzwa mitengo
FOR
el cliente
mutengi
los lácteos
zvinogadzirwa nemukaka
la fruta
michero
el changuito
chingoro

BUTCHERS

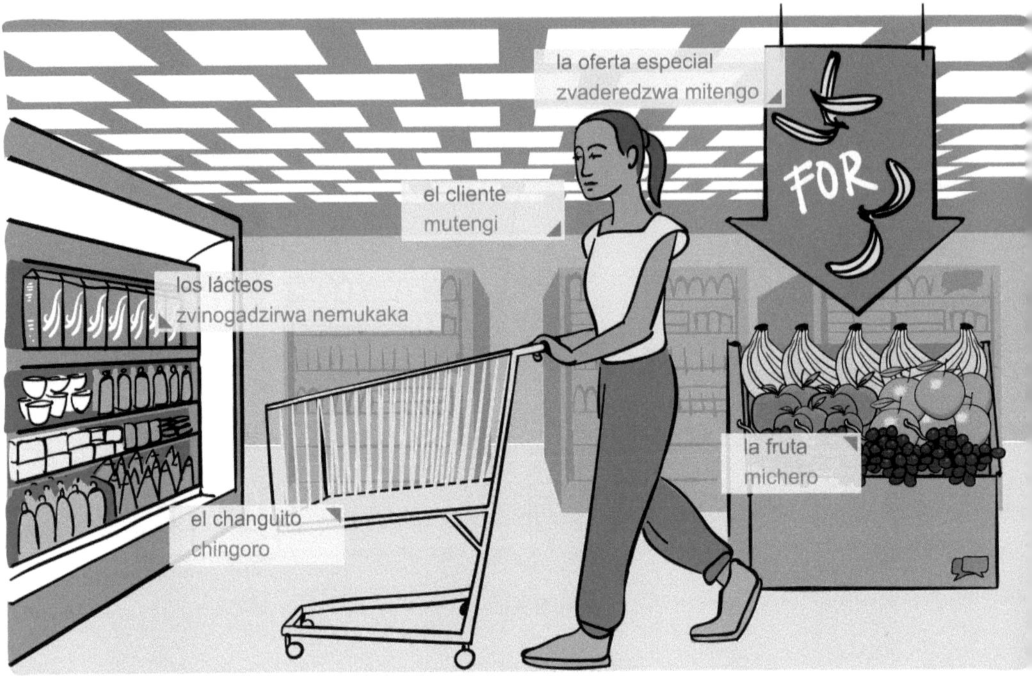

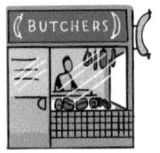

la carnicería

panotengeswa nyama

BAKERY

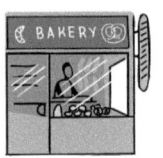

la panadería

panotengeswa chingwa

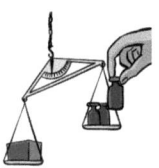

pesar

kuyera

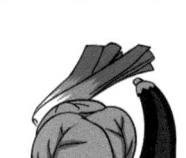

las verduras

miriwo

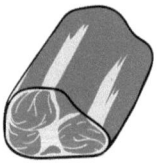

la carne

nyama

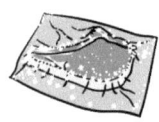

los alimentos congelados

zvekudya zvakaoma nechando

los fiambres

nyama yakatonhora

los alimentos enlatados

zvekudya zvemugaba

el detergente en polvo

sipo yeupfu yekuwachisa

las golosinas

masuwiti

los electrodomésticos

zvekushandisa mumba

los productos de limpieza

zvekuchenesa nazvo

la vendedora

mutengesi

la caja

tiru

el cajero

mutengesi

la lista de compras

zviri kuda kutengwa

el horario de atención

nguva dzekuvhura

la billetera

chikwama

la tarjeta de crédito

kadhi rekubhengi

la cartera

bhegi

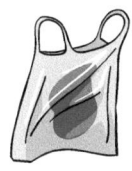

la bolsa de plástico

pepa rekuisira

el agua

mvura

el jugo

muto wemichero

la leche

mukaka

la bebida cola

coke

el vino

waini

la cerveza

doro

el alcohol

doro

el cacao

cocoa

el té

tii

el café

kofi

el café expreso

kofi

el cappuccino

cappuccino

la banana

bhanana

la manzana

apuro

la naranja

orenji

el melón

nwiwa

el limón

ndimu

la zanahoria

karotsi

el ajo

gariki

el bambú

mushenjere

la cebolla

hanyanisi

el champiñón

hohwa

las nueces

nzungu

los fideos

manoodle

los tallarines
spaghetti

el arroz
mupunga

la ensalada
saradhi

las papas fritas
machipisi

las papas fritas
mbatatisi dzakafuraiwa

la pizza
pitsa

la hamburguesa
chingwa chakaruma nyama

el sándwich
sangweji

el churrasco
nhindi

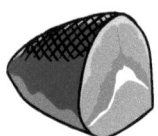

el jamón
ham

el salame
salami

la salchicha
soseji

el pollo
huku

el asado
gochwa

el pescado
hove

los copos de avena

bota reoats

el muesli

muesli

los copos de maíz

macornflake

la harina

furawa

la medialuna

croissant

el pancito

chingwa

el pan

chingwa

la tostada

chingwa chakagochwa

las galletitas

mabhisikiti

la manteca

bhata

la cuajada

ige

la torta

keke

el huevo

zai

el huevo frito

zai rakafuraiwa

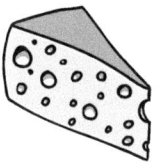

el queso

chizi

el helado

aizikirimu

el azúcar

shuga

la miel

huchi

la mermelada

jemu

la pasta de chocolate

chocolate yekuzora

el curry

curry

la granja
purazi

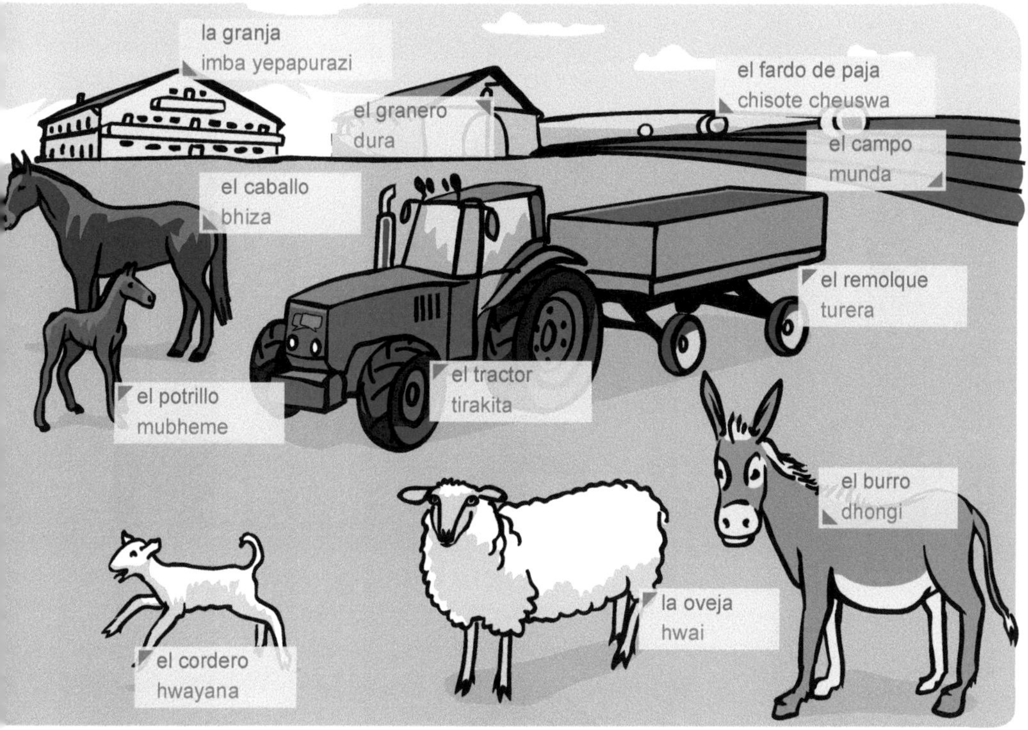
la granja
imba yepapurazi
el granero
dura
el fardo de paja
chisote cheuswa
el campo
munda
el caballo
bhiza
el remolque
turera
el tractor
tirakita
el potrillo
mubheme
el burro
dhongi
la oveja
hwai
el cordero
hwayana

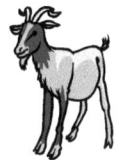

la cabra

mbudzi

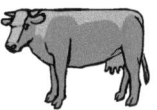

la vaca

mhou

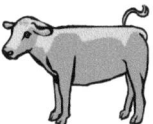

el ternero

mhuru

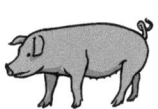

el cerdo

nguruve

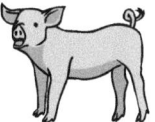

el lechón

chigwi

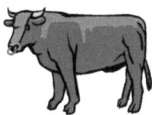

el toro

bhuru

el ganso

dhadha

el pato

dhakisi

el pollo

nhiyo

la gallina

tseketsa

el gallo

jongwe

la rata

gonzo

el gato

katsi

el ratón

mbeva

el buey

dhonza

el perro

imbwa

la cucha

imba yembwa

la manguera

pombi yemvura

la regadera

keni yekudiridzisa

la guadaña

jeko

el arado

gejo

la hoz
jeko

la azada
badza

la horquilla
forogo

el hacha
demo

la carretilla
bhara

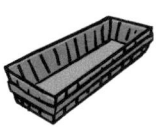

el abrevadero
chidyiro

la lechera
bhodhoro remukaka

la bolsa
saga

la reja
fenzi

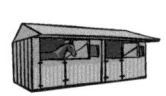

el establo
danga

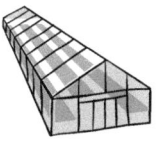

el invernadero
greenhouse

el suelo
ivhu

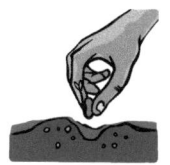

la semilla
mbeu

el fertilizador
fetereza

la cosechadora
mota yekukohwesa

cosechar

kukohwa

la cosecha

gohwo

las batatas

mbatatisi

el trigo

gorosi

la soja

soya

la papa

mbatatisi

el maíz

chibage

la semilla de colza

rapeseed

el árbol frutal

muti wemichero

la mandioca

mufarinya

los cereales

mbesa

la casa
imba

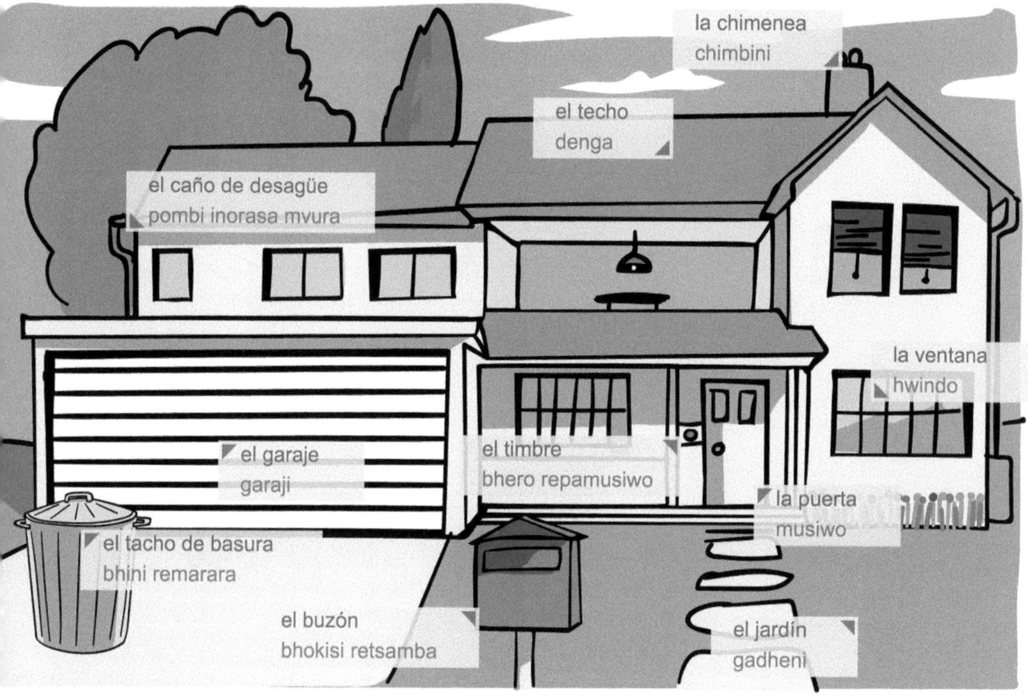

la chimenea
chimbini
el techo
denga
el caño de desagüe
pombi inorasa mvura
la ventana
hwindo
el garaje
garaji
el timbre
bhero repamusiwo
la puerta
musiwo
el tacho de basura
bhini remarara
el buzón
bhokisi retsamba
el jardín
gadheni

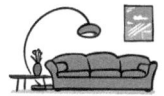

el living

imba yekutandarira

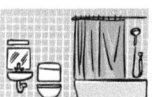

el baño

mekugezera

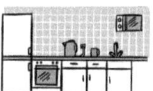

la cocina

kicheni

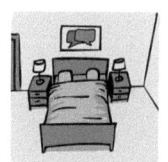

el dormitorio

imba yekurara

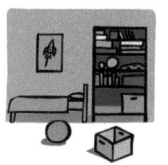

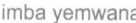

el cuarto de los chicos

imba yemwana

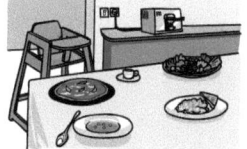

el comedor

imba yekudyira

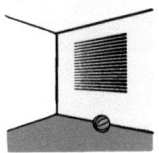

el piso

uriri

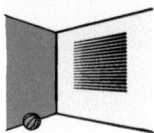

la pared

madziro

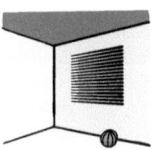

el cielorraso

denga

el sótano

imba yepasi

el sauna

sauna

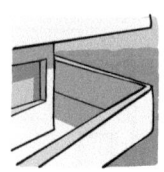

el balcón

vharanda repadenga

la terraza

uriri hwepadenga

la pileta

dziva rekushambira

la cortadora de pasto

muchina wekuchekesa
uswa

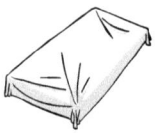

la sábana

jira

el acolchado

chekufukidza mubhedha

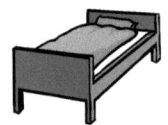

la cama

mubhedha

la escoba

bhurumu

el balde

bhaketi

el interruptor

suwichi

el living
imba yekutandarira

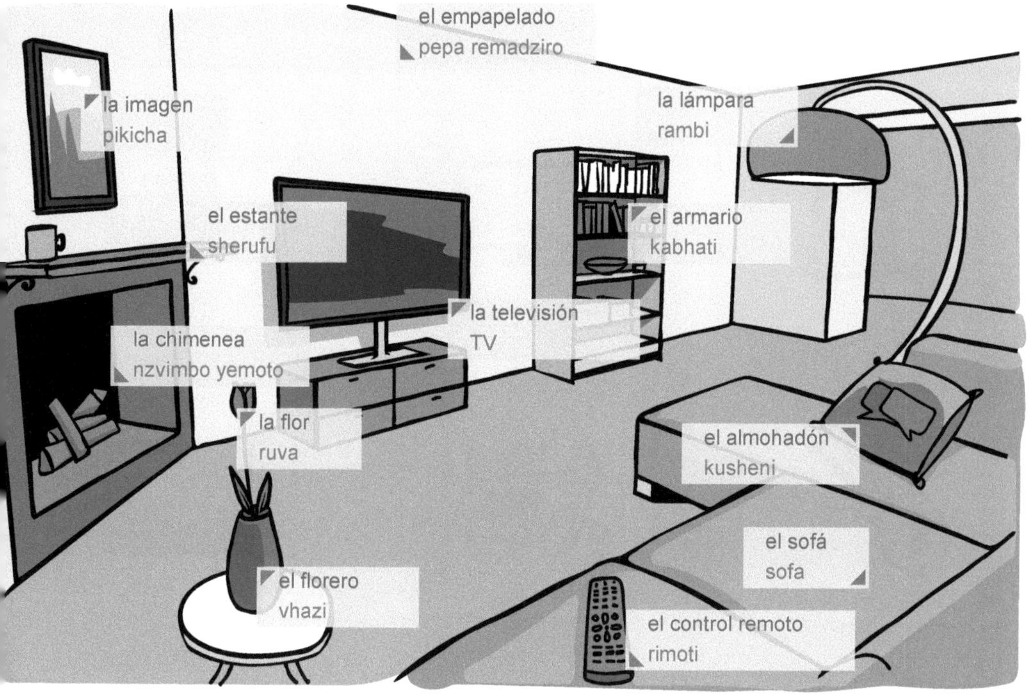
el empapelado
pepa remadziro
la imagen
pikicha
la lámpara
rambi
el estante
sherufu
el armario
kabhati
la televisión
TV
la chimenea
nzvimbo yemoto
la flor
ruva
el almohadón
kusheni
el sofá
sofa
el florero
vhazi
el control remoto
rimoti

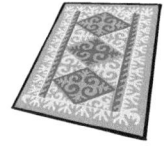

la alfombra
kapeti

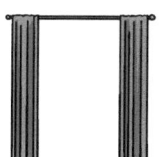

la cortina
keteni

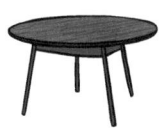

la mesa
tebhuru

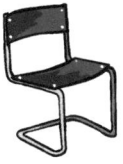

la silla
cheya

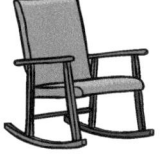

la mecedora
cheya inozeya

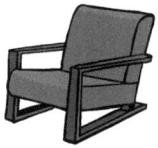

el sillón
cheya ine pekuisa maoko

el libro

bhuku

la frazada

gumbeze

la decoración

marongedzero

la leña

huni

la película

firimu

el equipo de música

redhiyo yehi-fi

la llave

kii

el diario

pepanhau

la pintura

mufananidzo

el póster

posita

la radio

redhiyo

el cuaderno

pekunyorera

la aspiradora

muchina wekuhuvhisa

el cactus

chinanazi

la vela

kenduru

la cocina
kicheni

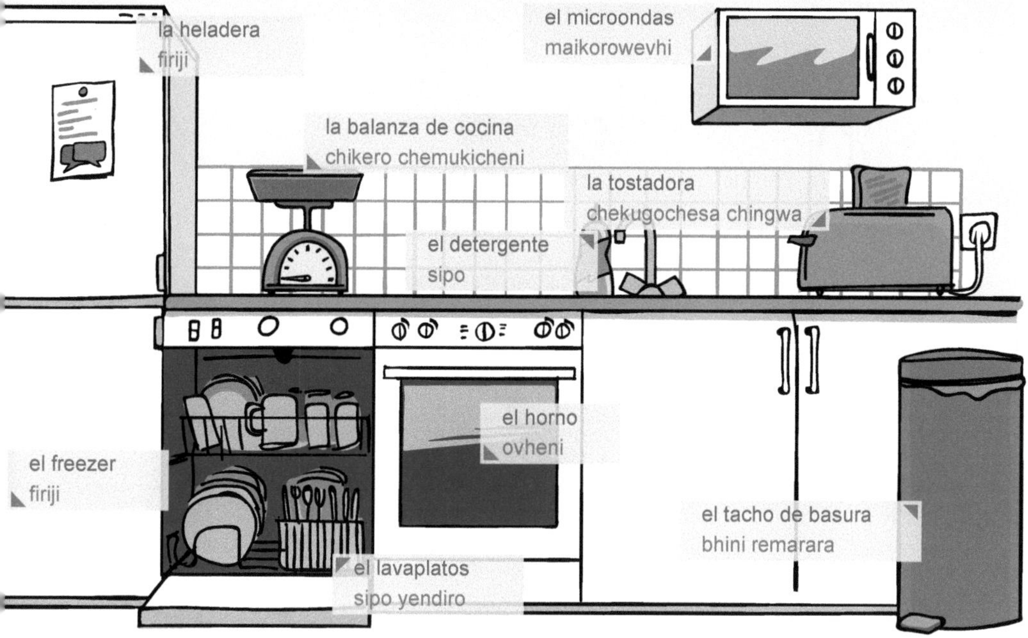
la heladera
firiji
el microondas
maikorowevhi
la balanza de cocina
chikero chemukicheni
la tostadora
chekugochesa chingwa
el detergente
sipo
el horno
ovheni
el freezer
firiji
el tacho de basura
bhini remarara
el lavaplatos
sipo yendiro

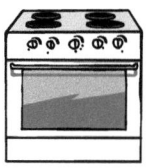

la cocina

chitofu

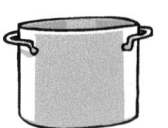

la olla

poto

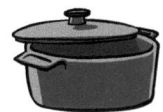

la olla de hierro fundido

poto yesimbi

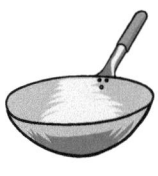

el wok

wok / kadai

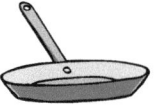

la sartén

pani

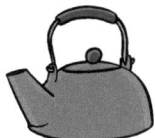

la pava

ketero

la vaporera

chekubikisa neutsi hwemvura

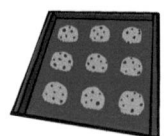

la bandeja de horno

turei yekubhekesa

la vajilla

ndiro

la taza

kapu

el bol

dishi

los palitos

tumiti twekudyisa

el cucharón

chipunu

la espátula

chipunu

la batidora

chekusanganisisa

el colador

chekukunisa

el colador

chekukunisa

el rallador

chekugiretesa

el mortero

duri

la parrilla

chiwaya

la fogata

moto

la tabla de picar

chekuchekera

el palo de amasar

chekutsimbiririsa mukanyiwa

el sacacorchos

chekuvhurisa mabhodhoro ewaini

la lata

tini

el abrelatas

chekuvhurisa tini

la manopla

girovhosi rekubatisa zvinopisa

la pileta

singi

el cepillo

bhurasho

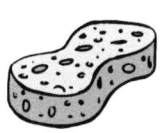

la esponja

chipanji

la batidora

chinosanganisa

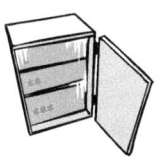

el congelador

firiji

la mamadera

bhodhoro remwana

la canilla

pombi

el baño
mekugezera

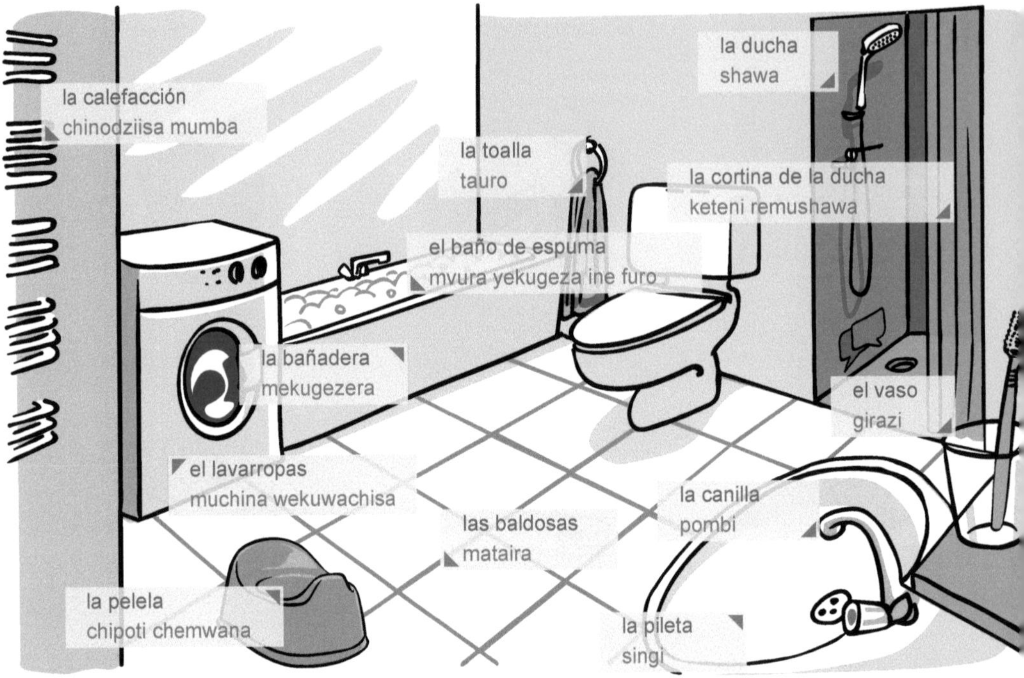

la calefacción
chinodziisa mumba
la toalla
tauro
la ducha
shawa
la cortina de la ducha
keteni remushawa
el baño de espuma
mvura yekugeza ine furo
la bañadera
mekugezera
el vaso
girazi
el lavarropas
muchina wekuwachisa
la canilla
pombi
las baldosas
mataira
la pelela
chipoti chemwana
la pileta
singi

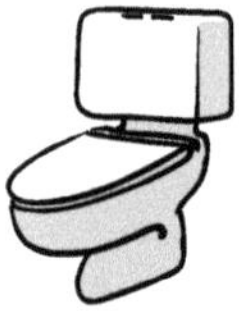

el inodoro

toireti

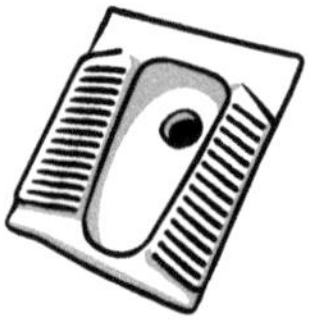

la letrina

toireti yegomba

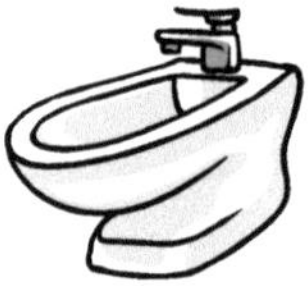

el bidé

chemba

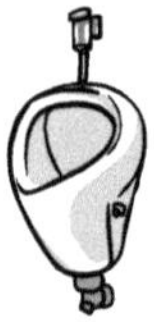

el mingitorio

chekuitira weti chevarume

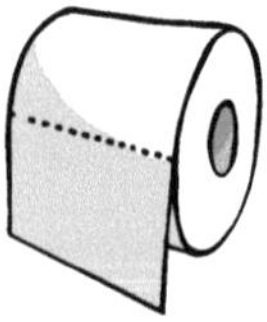

el papel higiénico

pepa remutoireti

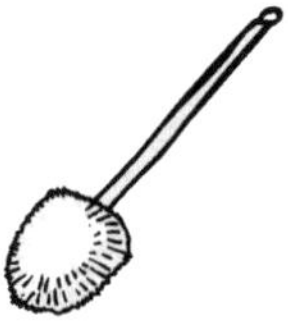

el cepillo para el inodoro

bhurasho remutoireti

el cepillo de dientes

bhurasho remazino

el dentífrico

mushonga wemazino

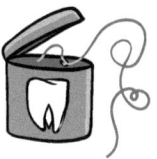

el hilo dental

tambo yekugezesa mazino

lavar

kugeza

la ducha de mano

shawa yekuita zvekubata

la ducha higiénica

douche

la palangana

bheseni

el cepillo para la espalda

bhurasho remusoro

el jabón

sipo

el gel de ducha

sipo yekugezesa mushawa

el shampoo

shambuu

la toallita

chekugezesa

el desagüe

dhireni

la crema

mafuta

el desodorante

chinonhuwirira

el espejo

girazi

el espejito

girazi remumaoko

la maquinita de afeitar

chekugeresa ndebvu

la espuma de afeitar

furo rekugeresa ndebvu

el aftershave

mafuta ekuzora wagera ndebvu

el peine

kamu

el cepillo

bhurasho

el secador de pelo

chekuomesa bvudzi

el spray

mushonga wekupfapfaidza musoro

el maquillaje

zvekupodesa

el lápiz de labios

chekupendesa muromo

el esmalte para uñas

chekupendesa nzara

el algodón

donje

la tijera para uñas

chigero chenzara

el perfume

pefiyumu

el portacosméticos

bhegi rezvekugezesa

la banqueta

chituro

la balanza

chikero

la bata

bathrobe

los guantes de goma

magirovhosi erabha

el tampón

tampon

la toallita femenina

pedhi

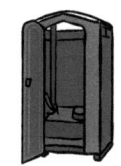

el baño químico

toireti inotakurwa

el cuarto de los chicos
imba yemwana

el despertador
wachi
el peluche
chitoyi chekurara nacho
el coche de juguete
mota yekutambisa
el sonajero
hosho
la casa de muñecas
kamba kezvidhori
el regalo
chipo

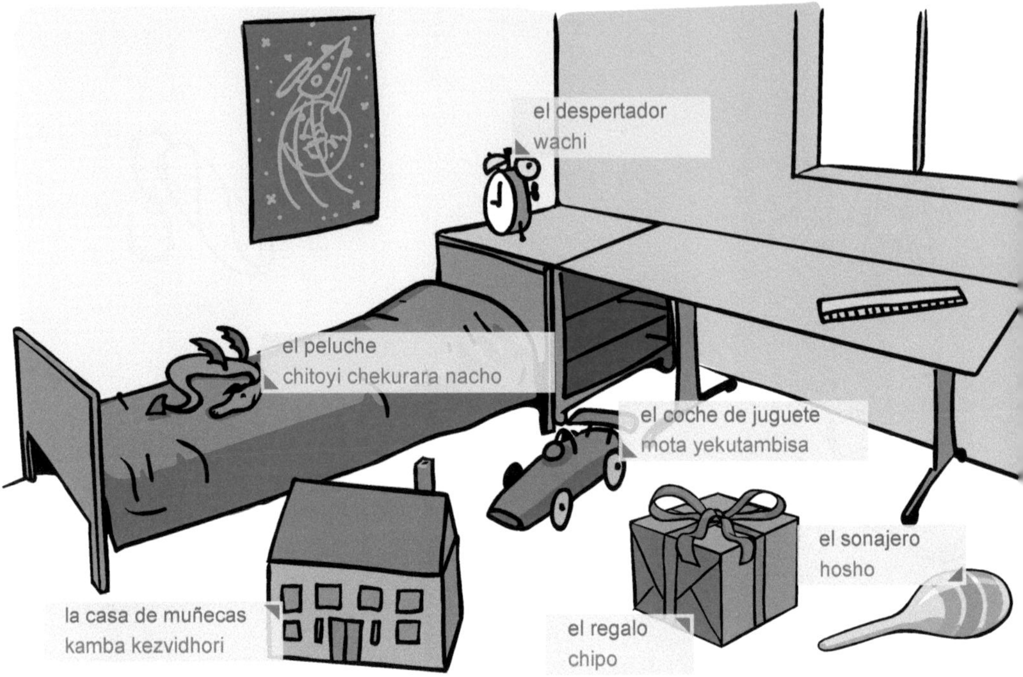

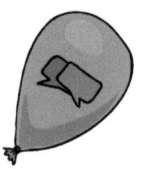

el globo

chibharuma

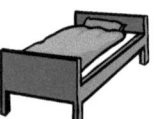

la cama

mubhedha

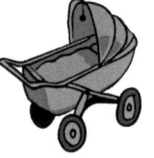

el cochecito

purema

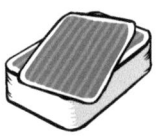

las cartas

makadhi ekutamba

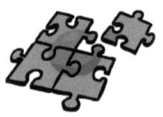

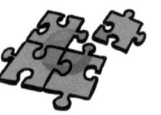

el rompecabezas

puzzle

SUPER
MEGA

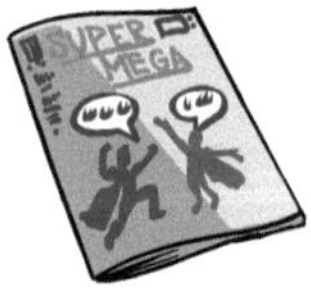

la historieta

makatuni ekuverenga

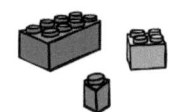

las piezas de lego

zvekuvakisa zvinhu

los ladrillos de juguete

mabhuroko ekuvakisa

la figura de acción

chidhori

el enterito (de bebé)

babygrow

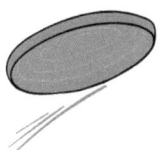

el frisbee

chekutambisa uchikanda

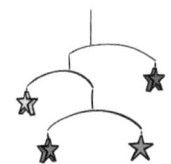

el móvil para bebés

zvekuvaraidza mwana

el juego de mesa

gemu rinotambirwa
pabhodhi

los dados

dhaisi

el tren eléctrico

zvitima zvekutambisa

el chupete

chidhami

la fiesta

mabiko

el libro de cuentos ilustrado

bhuku remapikicha

la pelota

bhora

la muñeca

chidhori

jugar

kutamba

el arenero

majecha ekutambira

la hamaca

muzeerere

los juguetes

zvekutambisa

la consola de videojuegos

chekutambisa magemu emavhidhiyo

el triciclo

kabhasikoro kemavhiri matatu

el osito de peluche

teddy bear

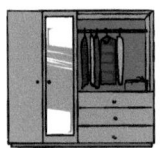

el armario

wadhiropu

la ropa
zvipfeko

las medias

masokisi

las medias panty

masokisi

las calzas

matirauzi anobata muviri

la bufanda
sikavha

el paraguas
amburera

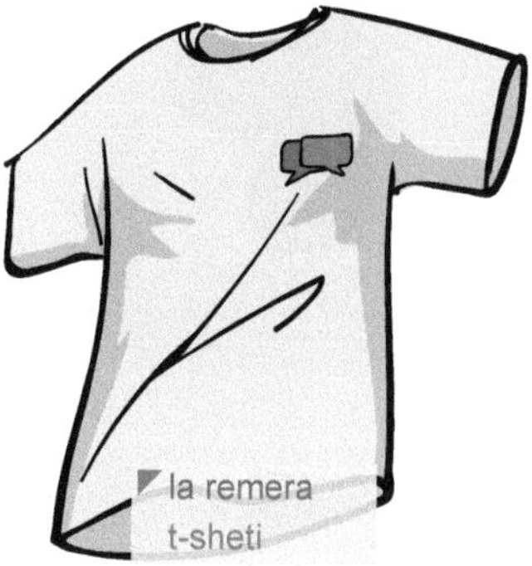

la remera
t-sheti

el cinturón
bhandi

las botas
majombo

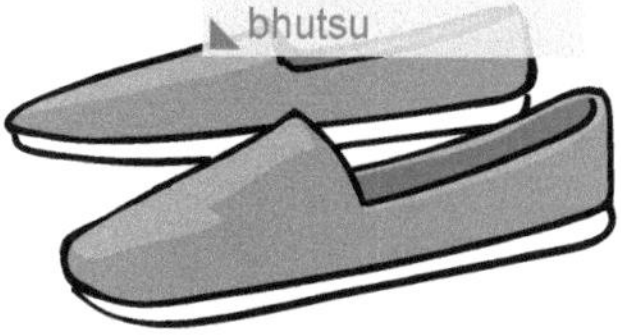

las pantuflas
bhutsu

las zapatillas
bhutsu

las sandalias
....
masanduru

los zapatos
....
bhutsu

las botas de goma
....
magambutsu

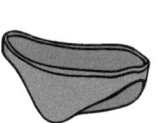

la ropa interior
....
nduwe

el corpiño
....
bhodhi

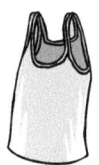

el chaleco
....
vhesi

el body
....
muviri

los pantalones
....
tirauzi

los jeans
....
jini

la pollera
....
siketi

la blusa
....
bhurauzi

la camisa
....
hembe

el pulóver
....
bhachi

el buzo
....
chibhachi

el blazer
....
bhachi

la campera
....
bhachi

el tapado
....
jasi

el piloto
....
renikoti

el traje
....
koshitomu

el vestido
....
dhirezi

el vestido de novia
....
dhirezi remuchato

el traje

sutu

el camisón

hembe yekurarisa

el pijama

mapijama

el sari

chari

el pañuelo para la cabeza

headscarf

el turbante

heti

la burka

burqa

el caftán

kaftan

la abaya

abaya

el traje de baño

hembe yekutuhwinisa

el short de baño

chikabudura

los shorts

chikabudura

el jogging

tirekisutu

el delantal

apuroni

los guantes

magirovhosi

el botón

bhatani

los anteojos

magirazi

la pulsera

bhenguru

el collar

chuma

el anillo

rin'i

el aro

mhete

la gorra

kepisi

la percha

hen'a

el sombrero

heti

la corbata

tai

el cierre

zipi

el casco

herumeti

los tiradores

mabhandi

el uniforme escolar

yunifomu yekuchikoro

el uniforme

yunifomu

el babero

chibhibhi

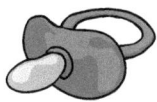

el chupete

chidhami

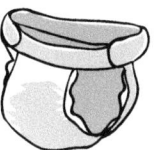

el pañal

napukeni

la oficina
hofisi

el servidor
server

el archivero
kabhineti

la impresora
muchina wekuprindisa

el monitor
sikirini

el papel
pepa

el escritorio
tafura

el mouse
mouse

la carpeta
fayera

el teclado
keyboard

el tacho (de basura)
bhini remapepa

la computadora
kombiyuta

la silla
cheya

la taza de café

kapu yekofi

la calculadora

kakureta

el internet

indaneti

la laptop

laptop

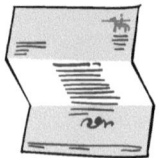

la carta

tsamba

el mensaje

tsamba

el celular

serura

la red

network

la fotocopiadora

muchina wekufotokopesa

el software

software

el teléfono

foni

el tomacorriente

pekupfekera magetsi

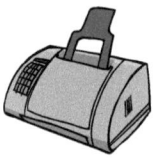

el fax

muchina wefax

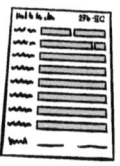

el formulario

fomu

el documento

gwaro

comprar
kutenga

pagar
kubhadhara

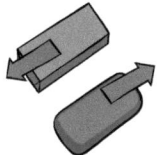

hacer negocios
kutengesa

el dinero
mari

el dólar
Dhora

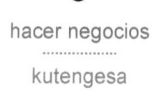

el euro
Euro

el yen
Yen

el rublo
rouble

el franco suizo
Swiss franc

el yuan
renminbi yuan

la rupia
rupee

el cajero automático
panobhadharwa

la casa de cambio

panochinjwa mari

el oro

goridhe

la plata

sirivha

el petróleo

mafuta

la energía

magetsi

el precio

mutengo

el contrato

chibvumirano

el impuesto

mutero

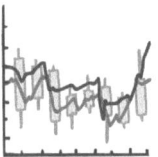

la acción

masitoku

trabajar

kushanda

el empleado

mushandi

el empleador

mushandirwi

la fábrica

fekitari

el negocio

chitoro

las ocupaciones
mabasa

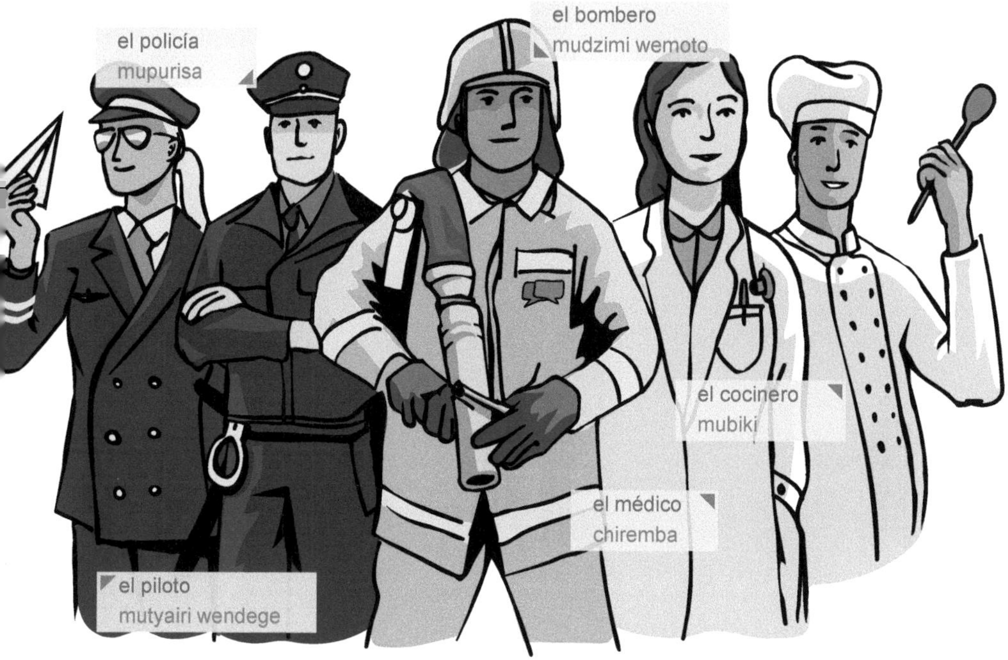
el policía
mupurisa
el bombero
mudzimi wemoto
el cocinero
mubiki
el médico
chiremba
el piloto
mutyairi wendege

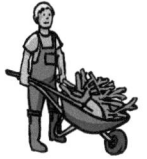

el jardinero

mushandi wemugadheni

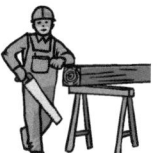

el carpintero

muvezi

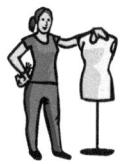

la modista

mukadzi anosona

el juez

mutongi

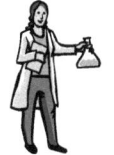

el farmacéutico

anoita zvemishonga

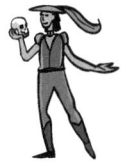

el actor

ekita

el colectivero

mutyairi webhazi

el taxista

mutyairi wetaxi

el pescador

muredzi

la mucama

mudzimai anochenesa

el techista

anogadzira denga

el mozo

hweta

el cazador

muvhimi

el pintor

anopenda

el panadero

mubiki wechingwa

el electricista

mugadziri wemagetsi

el albañil

muvaki

el ingeniero

injiniya

el carnicero

mushandi wemubhucha

el plomero

puramba

el cartero

positimeni

el soldado

musoja

el arquitecto

anoita mapurani edzimba

el cajero

mutengesi

el florista

mugadziri wemaruva

el peluquero

mugadziri wemusoro

el cobrador

kondakita

el mecánico

makanika

el capitán

kaputeni

el dentista

chiremba wemazino

el científico

musayindisti

el rabino

rabbi

el imán

imam

el monje

mumonk

el sacerdote

mufundisi

las herramientas
maturusi

el martillo
sando
la tenaza
pinjisi
el destornillador
sikuruudhiraivha
la llave
chipanera
la linterna
tochi

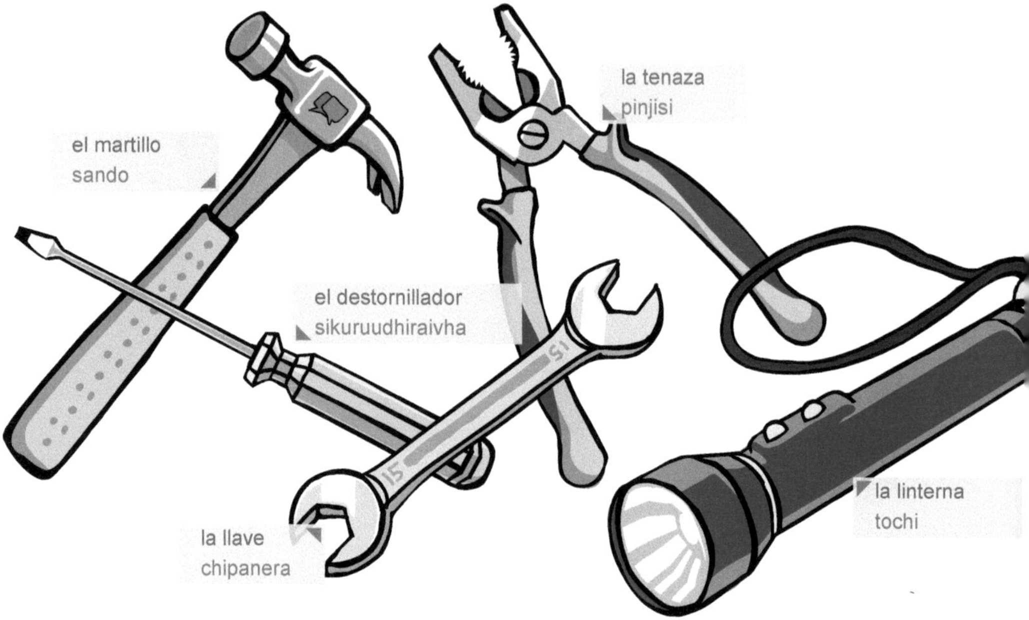

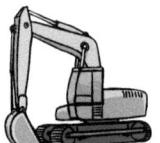

la excavadora

chikatapira

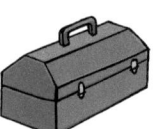

la caja de herramientas

bhokisi rematurusi

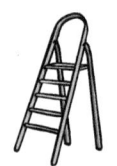

la escalera portátil

manera

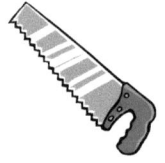

la sierra

saha

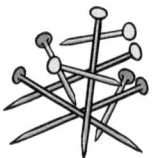

los clavos

zvipikiri

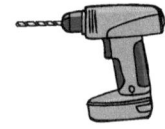

el taladro

chibooreso

arreglar

kugadzira

la pala de jardín

foshoro

¡Qué bronca!

Nxa!

la pala de plástico

chidyoreso

el tacho de pintura

gaba rependi

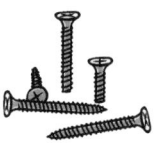

los tornillos

masikuruu

los instrumentos musicales
zviridzwa

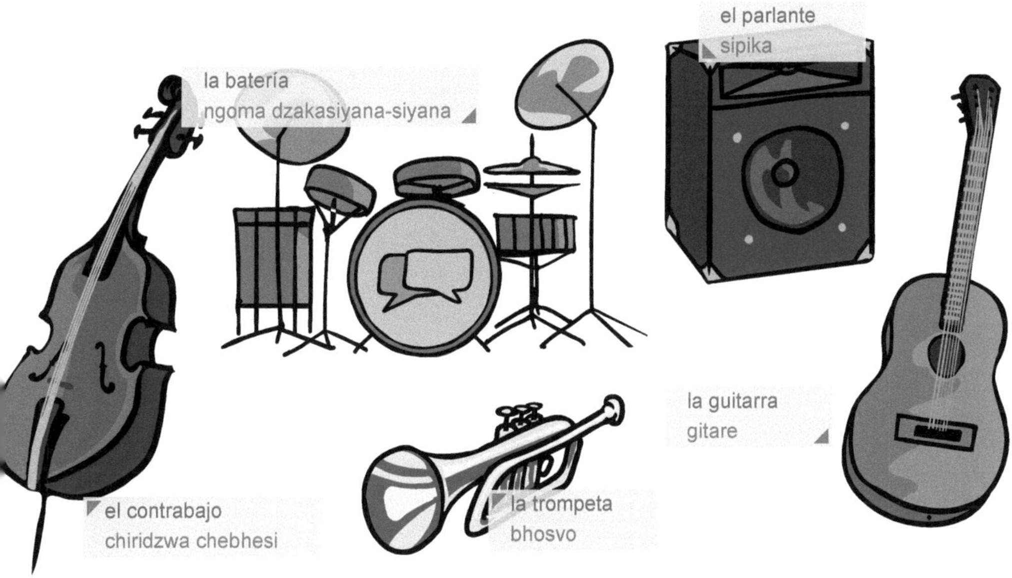

la batería
ngoma dzakasiyana-siyana

el parlante
sipika

la guitarra
gitare

el contrabajo
chiridzwa chebhesi

la trompeta
bhosvo

el piano

piyano

el violín

violin

el bajo

gitare rebhesi

los timbales

ngoma

el tambor

ngoma

el teclado

piyano yemagetsi

el saxofón

saxophone

la flauta

nyere

el micrófono

maikorofoni

el zoológico

munochengeterwa mhuka

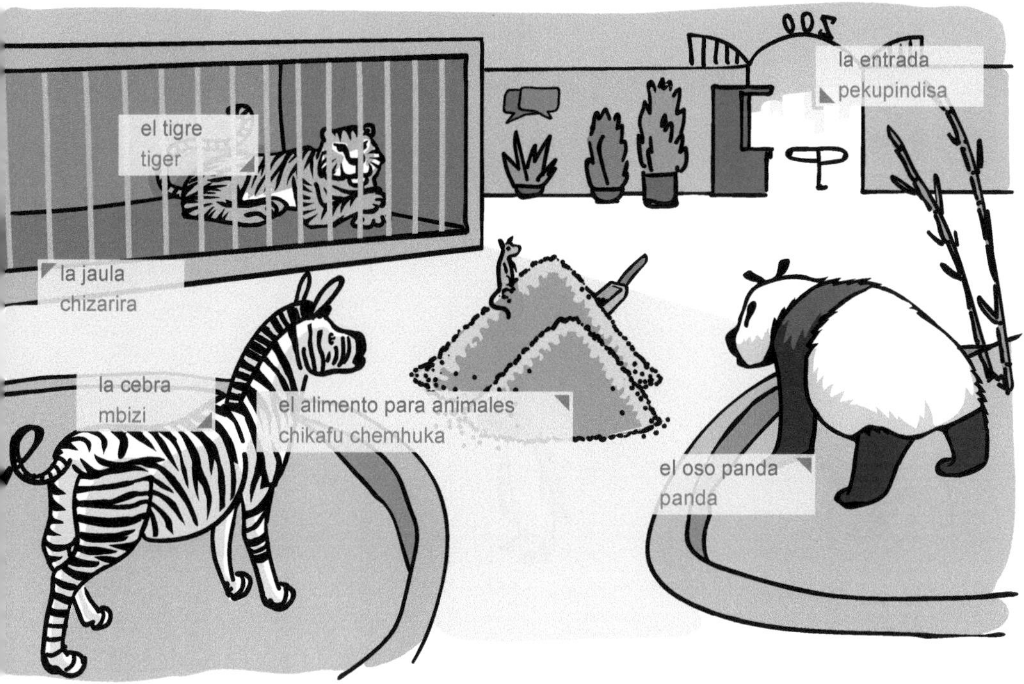

ZOO
la entrada
pekupindisa
el tigre
tiger
la jaula
chizarira
la cebra
mbizi
el alimento para animales
chikafu chemhuka
el oso panda
panda

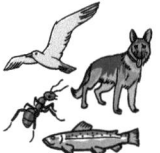

los animales

mhuka

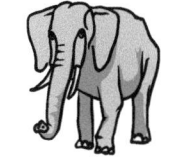

el elefante

nzou

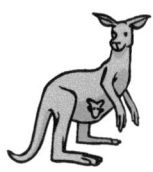

el canguro

kangaruru

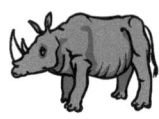

el rinoceronte

chipembere

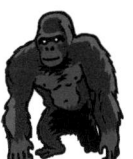

el gorila

gorilla

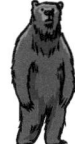

el oso

bear

el camello

ngamera

el avestruz

mhou

el león

shumba

el mono

tsoko

el flamenco

flamingo

el loro

parrot

el oso polar

bear rekuchando

el pingüino

penguin

el tiburón

shark

el pavo real

pikoko

la serpiente

nyoka

el cocodrilo

garwe

el cuidador del zoológico

muchengeti wenzvimbo
yemhuka

la foca

seal

el jaguar

jaguar

el poni

nyurusi

el leopardo

ingwe

el hipopótamo

mvuu

la jirafa

twiza

el águila

gondo

el jabalí

nguruve yemusango

el pescado

hove

la tortuga

kamba

la morsa

walrus

el zorro

gava

la gacela

nhoro

el fútbol americano
bhora rekuAmerica

el ciclismo
kuchovha

el tenis
tenisi

el básquet
bhora rebhasiketi

la natación
kutuhwina

el boxeo
tsiva

el hockey sobre hielo
hockey yemuchando

el fútbol

nhabvu

el bádminton

badminton

el atletismo

zvekumhanya

el handball

bhora remaoko

el esquí

kuita ski

el polo

polo

las actividades
mabasa

saltar
kusvetuka
abrazar
kumbundira
reír
kuseka
caminar
kufamba
cantar
kuimba
soñar
kurota
rezar
kunyengetera
besar
kutsvoda

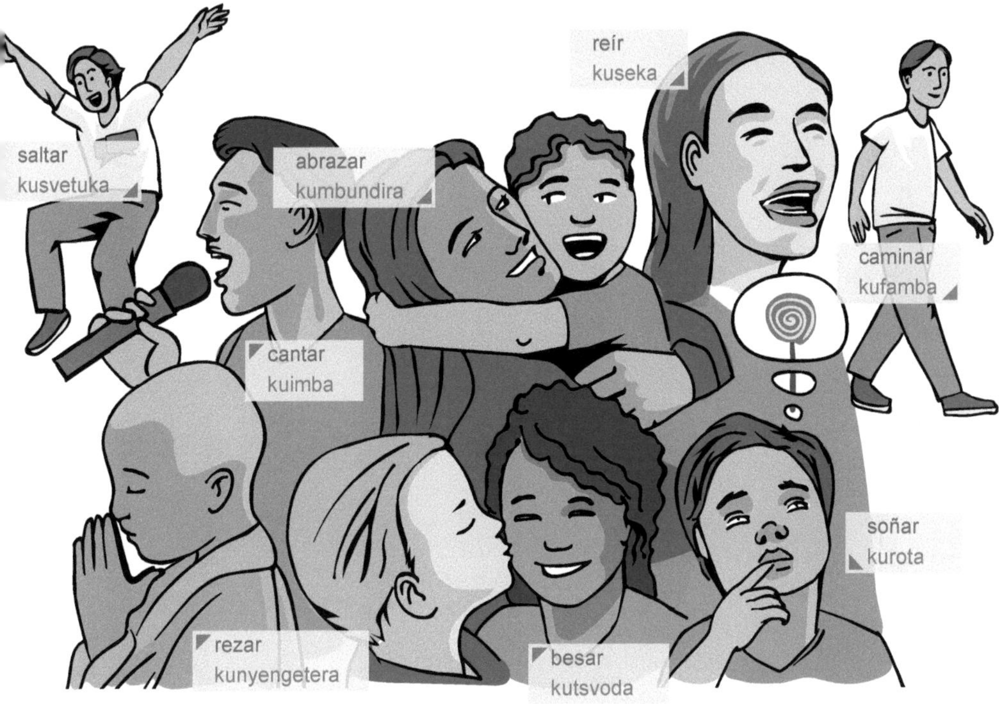

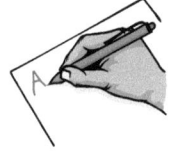

escribir

nyora

dibujar

kudhirowa

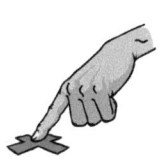

mostrar

kuratidza

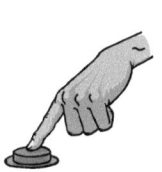

presionar

kusunda

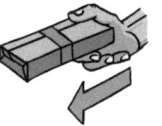

dar

kupa

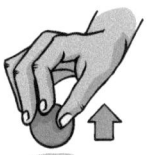

tomar

kutora

tener
....
kuva ne

hacer
....
kuita

ser
....
kuva

estar parado
....
kumira

correr
....
kumhanya

tirar
....
kudhonza

tirar
....
kukanda

caer
....
kudonha

estar acostado
....
kurara

esperar
....
kumirira

llevar
....
kutakura

estar sentado
....
kugara

vestirse
....
kupfeka

dormir
....
kurara

despertar
....
kumuka

mirar

kutarisa

llorar

kuchema

acariciar

kupuruzira

peinar

kukama

hablar

kutaura

entender

kunzwisisa

preguntar

kubvunza

escuchar

kuteerera

beber

kunwa

comer

kudya

ordenar

kuchenesa

amar

kuda

cocinar

kubika

manejar

kutyaira

volar

kubhururuka

navegar

kufambiswa nemhepo

calcular

kakureta

leer

kuverenga

aprender

kudzidza

trabajar

kushanda

casarse

kuroora / kuroorwa

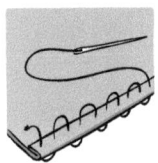

coser

kusona

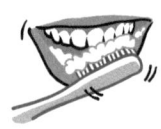

cepillarse los dientes

kukwesha mazino

matar

kuuraya

fumar

kuputa

enviar

kutumira

la familia

mhuri

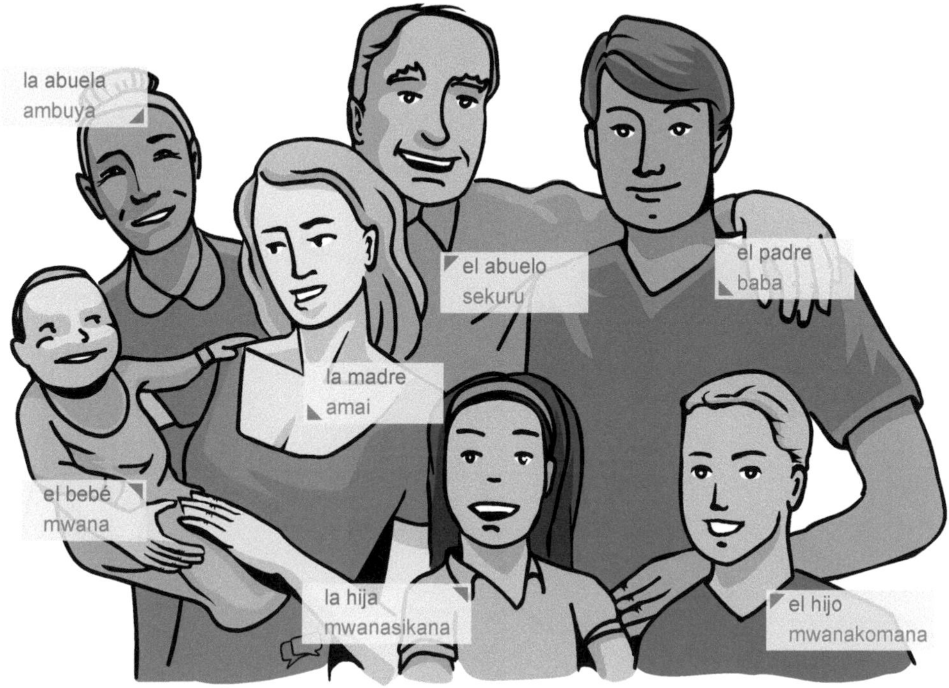
la abuela
ambuya
el abuelo
sekuru
el padre
baba
la madre
amai
el bebé
mwana
la hija
mwanasikana
el hijo
mwanakomana

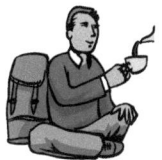

el invitado

muenzi

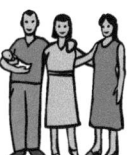

la tía

tete

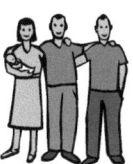

el tío

sekuru

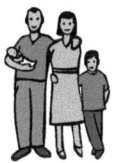

el hermano

hanzvadzikomana

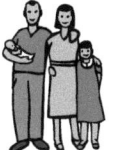

la hermana

hanzvadzisikana

el cuerpo

muviri

la frente
huma
el ojo
ziso
el hombro
bendekete
el dedo
munwe
la cara
chiso
la pera
chirebvu
la mano
ruoko
la pierna
gumbo
el pecho
chipfuva
el brazo
ruoko

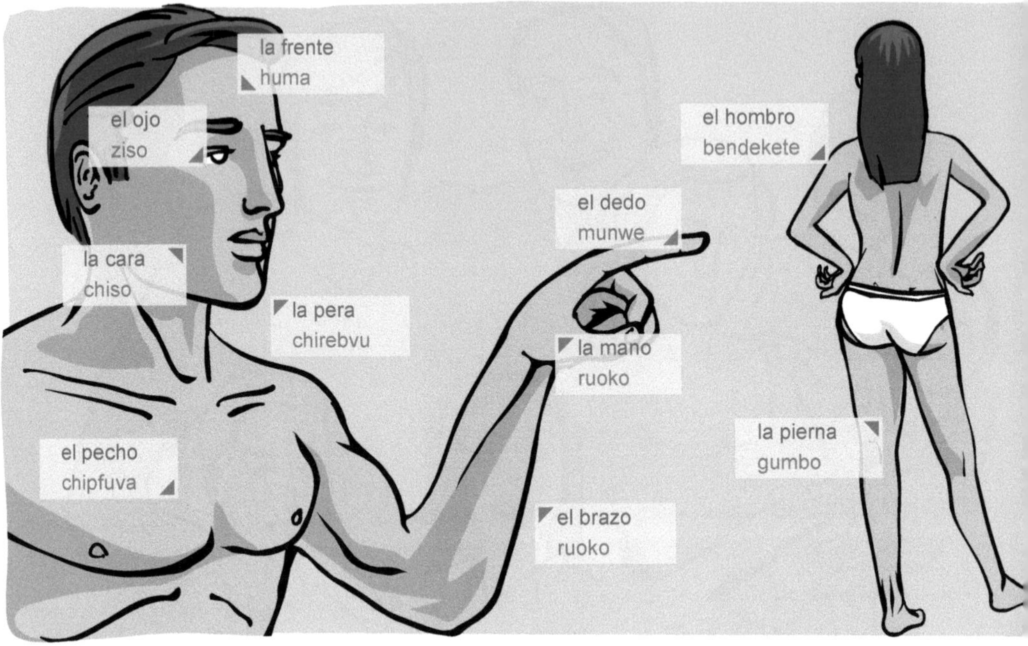

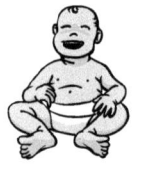

el bebé
mwana

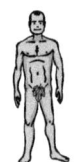

el hombre
murume

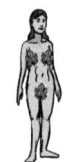

la mujer
mukadzi

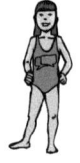

la nena
musikana

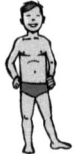

el nene
mukomana

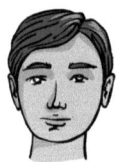

la cabeza
musoro

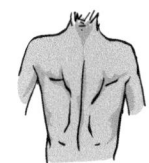

la espalda

musana

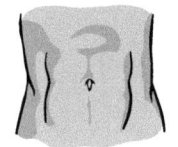

la panza

dumbu

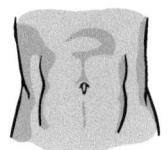

el ombligo

guvhu

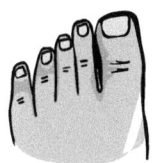

el dedo del pie

chigunwe

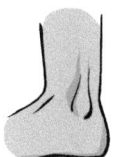

el talón

chitsitsinho

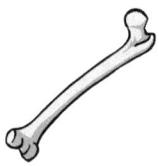

el hueso

bhonzo

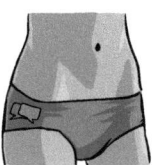

la cadera

hudyu

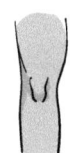

la rodilla

ibvi

el codo

gokora

la nariz

mhino

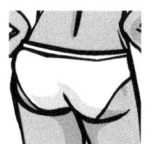

la cola

garo

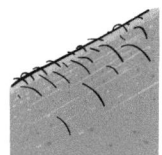

la piel

ganda

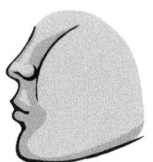

el cachete

dama

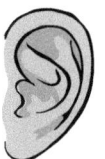

la oreja

nzeve

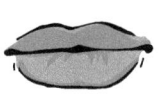

el labio

muromo

la boca

mukanwa

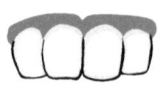

el diente

zino

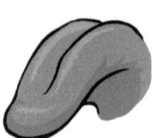

la lengua

rurimi

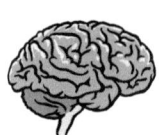

el cerebro

uropi

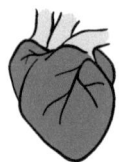

el corazón

mwoyo

el músculo

tsandanyama

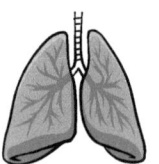

el pulmón

bapu

el hígado

chitaka

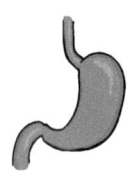

el estómago

dumbu

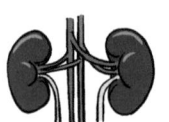

los riñones

itsvo

el sexo

kuita bonde

el preservativo

kondomu

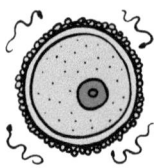

el óvulo

zai

el semen

urume

el embarazo

nhumbu

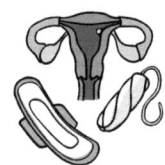

la menstruación

kuenda kumwedzi

la vagina

sikarudzi

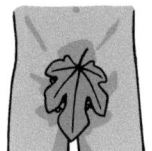

el pene

mboro

la ceja

tsiye

el pelo

bvudzi

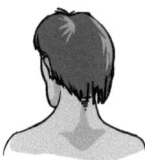

el cuello

mutsipa

el hospital
chipatara

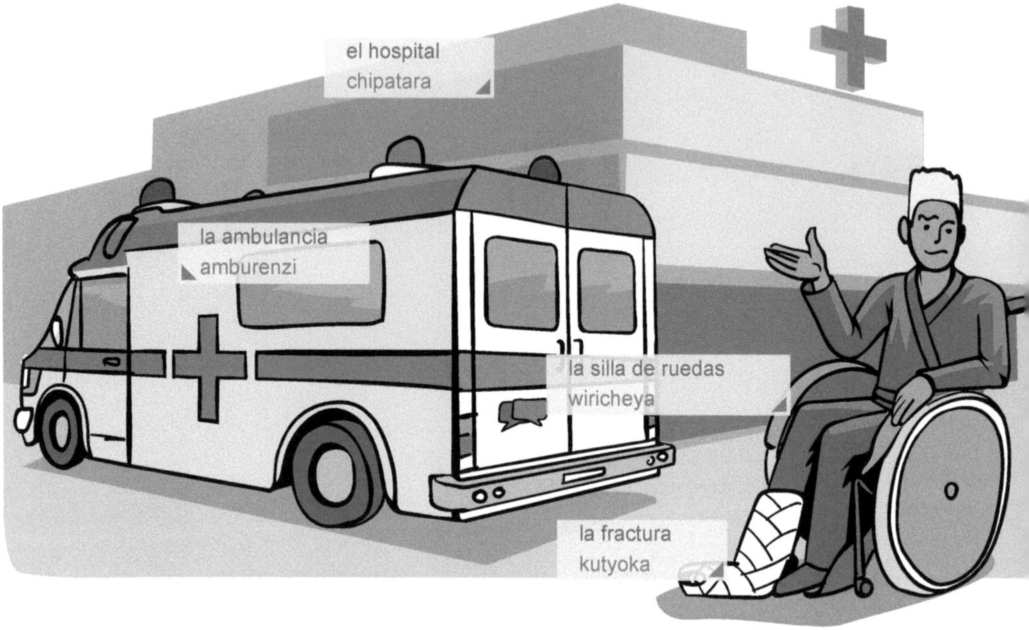

el hospital
chipatara
la ambulancia
amburenzi
la silla de ruedas
wiricheya
la fractura
kutyoka

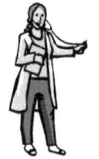

el médico
chiremba

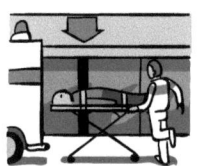

la sala de guardia
imba yerubatsiro

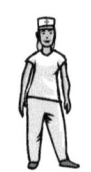

la enfermera
nesi

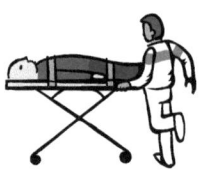

la emergencia
zvekukurumidza

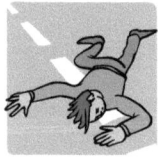

inconsciente
kufenda

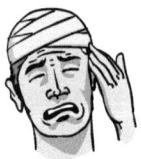

el dolor
rwadza

la lesión
kukuvara

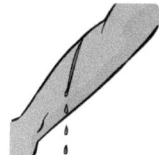

la hemorragia
kubuda ropa

el infarto
kuerekana mwoyo
usisashandi

el ACV
kuoma rutivi

la alergia
zvinorwarisa

la tos
chikosoro

la fiebre
fivha

la gripe
furuu

la diarrea
manyoka

el dolor de cabeza
kutemwa nemusoro

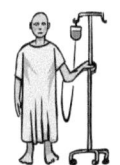

el cáncer
mhuka

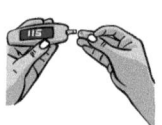

la diabetes
chirwere cheshuga

el cirujano
muvhiyi

el bisturí
kabanga keoparesheni

la operación
oparesheni

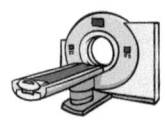

la TC

CT

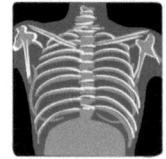

los rayos x

x-ray

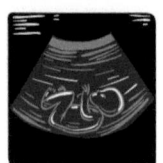

la ecografía

ultrasound

el barbijo

chekuvharisa mhino nemuromo

la enfermedad

chirwere

la sala de espera

mekumirira kurapiwa

la muleta

chidhondoro

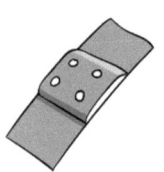

la curita

purasita

la venda

bhandiji

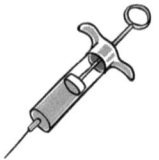

la inyección

jekiseni

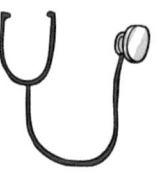

el estetoscopio

chekuteerera nacho mukati

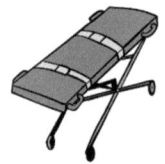

la camilla

kamubhedha kemurwere

el termómetro

chekutoresa nacho tembiricha

el nacimiento

kuzvara

el sobrepeso

kufuta

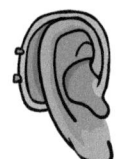

el audífono

chekubatsira kunzwa

el desinfectante

mushonga unouraya
utachiona

la infección

utachiona

el virus

vhairasi

el VIH / SIDA

HIV / AIDS

el remedio

mushonga

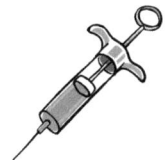

la vacunación

kudzivirira zvirwere

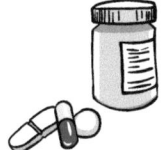

los comprimidos

mapiritsi

la pastilla anticonceptiva

piritsi

la llamada de emergencia

kufonera rubatsiro ipapo
ipapo

el tensiómetro

muchina wekuyeresa BP

enfermo / sano

kurwara / kugwinya

¡Ayuda!

Maiwe!

la alarma

bhero

la agresión

kurwisa

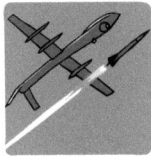

el ataque

kurwisa

el peligro

ngozi

la salida de emergencia

pekupuda napo zvechimbi-
chimbi

¡Fuego!

Moto!

el matafuego

chekudzimisa moto

el accidente

tsaona

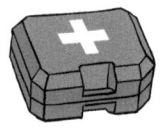

el botiquín de primeros
auxilios

zvinhu zvefirst aid

el SOS

SOS

la policía

mapurisa

Europa

Europe

América del Norte

Kuchamhembe kweAmerica

América del Sur

Kumaodzanyemba
kweAmerica

África

Africa

Asia

Asia

Australia

Australia

el Atlántico

Atlantic

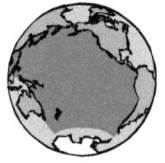

el Pacífico

Pacific

el Océano Índico

Nyanza yeIndia

el Océano Antártico

Nyanza yeAntarctic

el Océano Ártico

Nyanza yeArctic

el polo norte

Kuchamhembe

el polo sur

Kumaodzanyemba

la Antártida

Antarctica

la Tierra

Nyika

la tierra

nyika

el mar

gungwa

la isla

chitsuwa

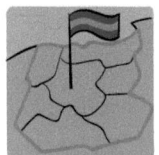

la nación

nyika

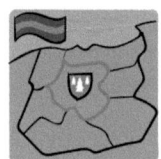

el estado

nyika

la esfera

wachi

la manecilla de las horas

chinongedza awa

el minutero

chinongedza miniti

el segundero

chinongedza masekondi

¿Qué hora es?

Inguvai?

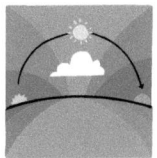

el día

zuva

la hora

nguva

ahora

izvozvi

el reloj digital

wachi yemanhamba

el minuto

miniti

la hora

awa

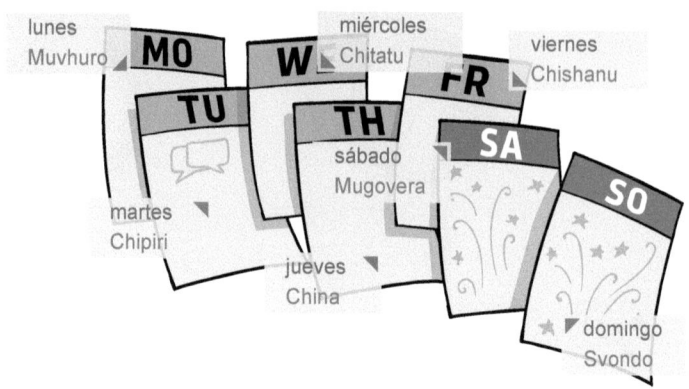

lunes
Muvhuro

martes
Chipiri

miércoles
Chitatu

jueves
China

viernes
Chishanu

sábado
Mugovera

domingo
Svondo

ayer

nezuro

hoy

nhasi

mañana

mangwana

la mañana

mangwanani

el mediodía

masikati

la tarde

manheru

MO	TU	WE	TH	FR	SA	SU
1	2	3	4	5	6	7
8	9	10	11	12	13	14
15	16	17	18	19	20	21
22	23	24	25	26	27	28
29	30	31	1	2	3	4

los días hábiles

mazuva ebasa

MO	TU	WE	TH	FR	SA	SU
1	2	3	4	5	6	7
8	9	10	11	12	13	14
15	16	17	18	19	20	21
22	23	24	25	26	27	28
29	30	31	1	2	3	4

el fin de semana

kupera kwevhiki

el año

gore

la lluvia
mvura
el arco iris
muraraungu
la nieve
chando
el viento
mhepo
la primavera
chirimo
el otoño
matsutso
el verano
zhizha
el invierno
chando

4.APRIL 11°
5.APRIL 4°
6.APRIL 13°
7.APRIL 8°
8.APRIL 10°

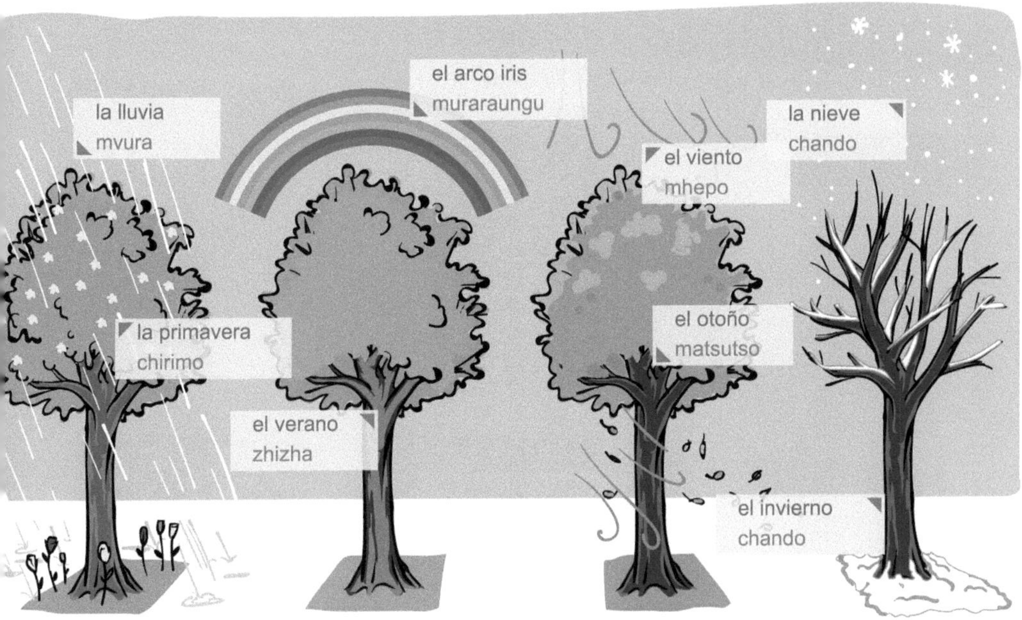

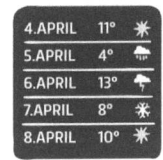

pronóstico meteorológico

mamiriro ekunze anofungidzirwa

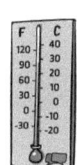

el termómetro

chekutoresa tembiricha

la luz del sol

zuva

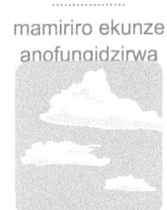

la nube

makore

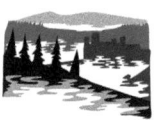

la niebla

mhute

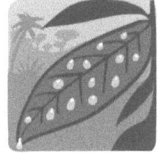

la humedad

hunyoro

el rayo

mheni

el trueno

kutinhira

la tormenta

dutu

el granizo

chivhuramabwe

el monzón

mhepo ine mvura

la inundación

mafashamo

el hielo

mazaya echando

enero

Ndira

febrero

Kukadzi

marzo

Kurume

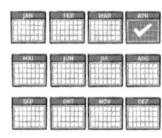

abril

Kubvumbi

mayo

Chivabvu

junio

Chikumi

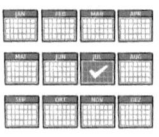

julio

Chikunguru

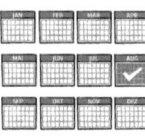

agosto

Nyamavhuvhu

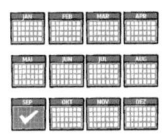

septiembre
....
Gunyana

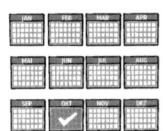

octubre
....
Gumiguru

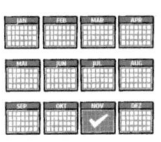

noviembre
....
Mbudzi

diciembre
....
Zvita

las formas

mashepu

el círculo
....
denderedzwa

el cuadrado
....
sikweya

el rectángulo
....
rectangle

el triángulo
....
triangle

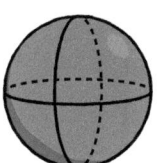

la esfera
....
bhora

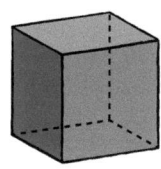

el cubo
....
bhokisi

mavara

blanco

chena

amarillo

yero

naranja

orenji

rosa

pingi

rojo

tsvuku

violeta

pepuru

azul

bhuruu

verde

girini

marrón

kaki

gris

gireyi

negro

nhema

mucho / poco

zvakawanda / zvishoma

enojado / tranquilo

hasha / dzikama

lindo / feo

naka / shata

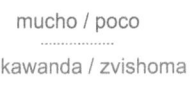

el principio / el fin

kutanga / kuguma

grande / chico

hombe / diki

claro / oscuro

jeka / rima

el hermano / la hermana

hanzvadzikomana /
hanzvadzisikana

limpio / sucio

chena / sviba

completo / incompleto

kwana / kusakwana

el día / la noche

masikati / usiku

muerto / vivo

yakafa / mhenyu

ancho / angosto

pamhamha / tetepa

comestible / no comestible

unodyiwa / haudyiwi

malo / amable

utsinye / mutsa

entusiasmado / aburrido

kunakidzwa / kufinhwa

gordo / flaco

kobvuka / tetepa

primero / último

kutanga / kupedzisira

el amigo / el enemigo

shamwari / muvengi

lleno / vacío

rakazara / hairina kuzara

duro / blando

oma / pfava

pesado / liviano

rema / reruka

el hambre / la sed

nzara / nyota

enfermo / sano

kurwara / kugwinya

ilegal / legal

zvisiri pamutemo / zviri
pamutemo

inteligente / estúpido

kungwara / kupusa

izquierda / derecha

ruboshwe / rudyi

cerca / lejos

pedyo / kure

nuevo / usado

matsva / matsaru

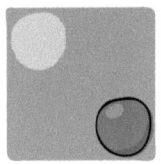

nada / algo

hapana / chiripo

viejo / joven

kuru / duku

encendido / apagado

batidza/dzima

abierto / cerrado

vhurika / vharika

silencioso / ruidoso

nyarara / ruzha

rico / pobre

mupfumi / murombo

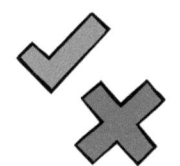

correcto / incorrecto

chakanaka / chakaipa

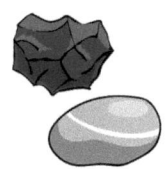

áspero / suave

kukasharara /
kutsvedzerera

triste / contento

kusuwa / kufara

corto / largo

pfupi / refu

lento / rápido

nonoka / kurumidza

mojado / seco

nyoro / oma

caliente / frío

dziya / tonhora

guerra / paz

hondo / rugare

los números

manhamba

0

cero
zero

1

uno
potsi

2

dos
piri

3

tres
tatu

4

cuatro
ina

5

cinco
shanu

6

seis
nhanhatu

7

siete
nomwe

8

ocho
sere

9

nueve
pfumbamwe

10

diez
gumi

11

once
gumi neimwe

12

doce
gumi nembiri

13

trece
gumi netatu

14

catorce
gumi neina

15

quince
gumi neshanu

16

dieciséis
gumi nenhanhatu

17

diecisiete
gumi nenomwe

18

dieciocho
gumi nesere

19

diecinueve
gumi nepfumbamwe

20

veinte
makumi maviri

100

cien
zana

1.000

mil
chiuru

1.000.000

el millón
miriyoni

mitauro

el inglés

Chirungu

el inglés americano

Chirungu chekuAmerica

el chino mandarín

Mandarin yekuChina

el hindi

ChiHindi

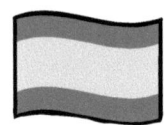

el español

ChiSpanish

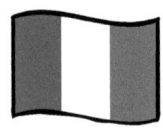

el francés

ChiFrench

el árabe

ChiArabic

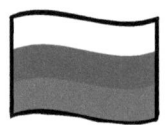

el ruso

ChiRussian

el portugués

ChiPortuguese

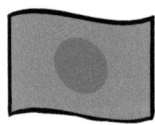

el bengalí

ChiBengali

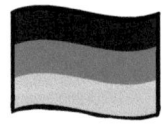

el alemán

ChiGerman

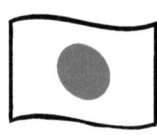

el japonés

ChiJapanese

yo

ini

vos

iwe / imi

él / ella

iye

nosotros

isu

ustedes

imi

ellos

ivo

¿quién?

ani?

¿qué?

chii?

¿cómo?

sei?

¿dónde?

kupi?

¿cuándo?

riini?

el nombre

zita

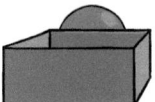

detrás

seri

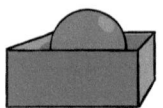

en

mukati

adelante de

pamberi

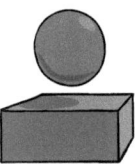

por encima de

nepamusoro

sobre

pamusoro

debajo de

pasi

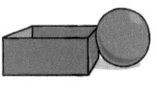

al lado de

divi

entre

pakati

el lugar

nzvimbo